AF284631

Formelsammlung für die Systemgastronomie

zusammengestellt von Conrad Krödel,
Fachmann für Systemgastronomie,
Oberstudienrat an der Beruflichen Schule Elmshorn, Europaschule
wissenschaftlicher Mitarbeiter an der Europa-Universität Flensburg

4. erweiterte und überarbeitete Auflage 2022

© 2022 by Conrad Krödel, Langelohe 4, 25337 Elmshorn
http://www.systemgastronomie-online.de
http://www.systemgastronomie-elmshorn.de
Autorenkontakt: formelsammlung@systemgastronomie.org

Titelbild: Erik Lindstrom auf Pixabay
US-Kapitol Icon von Icons8

Herstellung und Verlag: BoD – Books on Demand, Norderstedt
ISBN: 978-3-75-571302-9

Vorwort

Dieses Formelverzeichnis entstand aus dem Wunsch heraus, alle wichtigen Formeln für die Systemgastronomie auf einen Blick oder besser - in einem Band zu sammeln. Orientiert am bundeseinheitlichen Rahmenlehrplan wurden drei Lernfelder ausgemacht, in denen der Rückgriff auf bestimmte Formeln besonders wichtig ist. Dies sind die Lernfelder Warenwirtschaft, Personalwesen und Steuerung und Kontrolle. Gelegentlich ist das trennscharfe Sortieren von Berechnungen in diese drei Lernfelder allerdings nicht möglich, so dass entsprechende Querverweise zu finden sind.

Formeln, die mit dem Zeichen **IHK** gekennzeichnet sind, entstammen dem offiziellen Prüfungskatalog für die IHK-Abschlussprüfungen und werden in dieser Form von der Aufgabenstelle für die Abschluss- und Zwischenprüfungen (AkA) vorausgesetzt.

Die Mehrheit der Auszubildenden und Mitarbeitern in der Systemgastronomie arbeiten in Unternehmen, deren Organisation ihren Ursprung in den Vereinigten Staaten hat. Deshalb werden in diesen Restaurants häufig die englischen Bezeichnungen für bestimmte Kennzahlen verwendet. Diese Auflage trägt dem Rechnung, indem bei fast alle Kennzahlen die entsprechende Übersetzung hinter dem 🏛 Symbol angegeben wird. Außerdem sind Umrechnungsta- bellen für die wichtigsten amerikanischen Maßeinheiten auf Seite 24 enthalten.

Trotz sorgfältiger Kontrolle können (Druck-)Fehler nicht ausgeschlossen werden. Zögern Sie nicht, diese mir mitzuteilen, so dass eine Verbesserung stattfinden kann.

Conrad Krödel, Februar 2022

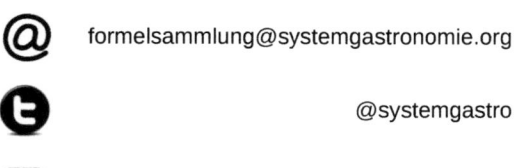

@ formelsammlung@systemgastronomie.org

🅴 @systemgastro

🅵 facebook.com/systemgastronomie

Inhalt

Warenwirtschaft

Anfangsbestand

🏛 *beginning inventory*

$$Anfangsbestand_{Periode\ 2} = Endbestand_{Periode\ 1}$$

Warenmenge, die zu Beginn einer Inventurperiode im Lager vorhanden ist. Inventurperioden umfassen üblicherweise Jahre (vgl. § 240 HGB), Monate, Wochen oder Tage. Es sind aber auch andere Zeiträume möglich. Der Anfangsbestand entspricht dem Ist-Endbestand der abgelaufenen Periode.

Bestandsabweichung

🏛 *stock divergence*

$$Bestandsabweichung = Ist\text{-}Endbestand - Soll\text{-}Endbestand$$

Die Bestandsabweichung gibt die Differenz zwischen tatsächlicher vorhandener Warenmenge und rein rechnerisch vorhandener Warenmenge wieder. Das Vorzeichen der Bestandsabweichung kann sowohl positiv als auch negativ sein. Negative Bestandsabweichungen stehen für Schwund und Verluste, z.B durch Diebstahl, nicht erfasste Abfälle oder nicht dem Standard entsprechend zubereitete Produkte. Positive Bestandsabweichungen können beispielsweise nicht erfasste Lieferungen oder falsch garnierte Produkte zur Ursache haben. Bestandsabweichungen, egal welcher Art müssen stets gering gehalten werden.

Durchschnittliche Lagerdauer

🏛 *duration of storage*

$$\emptyset Lagerdauer = \frac{x\,Tage \cdot \emptyset\,Lagerbestand}{Verbrauch\,an\,x\,Tagen}$$

Gibt an, wie lange ein Produkt im Lager verbleibt. Je niedriger die Kennzahl, desto niedriger sind die Lagerkosten und umso frischer sind die verarbeiteten Rohstoffe. Der Wert kann für beliebige Periodenlängen berechnet werden. Bei ganzjährig geöffneten Restaurants sollte man im Zähler $\boxed{360\,Tage}$ verwenden und im Nenner den $\boxed{Jahresverbrauch}$:

$$\emptyset Lagerdauer = \frac{360 \cdot \emptyset Lagerbestand}{Jahresverbrauch}$$

Hat man die Umschlagshäufigkeit (vgl. S. 10) schon berechnet, kann die durchschnittliche Lagerdauer auch verkürzt durch die Formel

$$\emptyset Lagerdauer = \frac{\ddot{O}ffnungstage}{Umschlagsh\ddot{a}ufigkeit}$$ beziehungsweise

$$\emptyset Lagerdauer = \frac{360}{Umschlagsh\ddot{a}ufigkeit}$$ berechnen werden.

Durchschnittlicher Lagerbestand (⌀LB)

🏛 *average stock*

$$\emptyset LB = \frac{Anfangsbestand + Endbestand_1 + Endbestand_n}{n + 1}$$

Diese Kennzahl zeigt wert- oder mengenmäßig den Warenbestand an, der im Schnitt im Lager vorhanden war. Liegt kein Anfangsbestand vor, kann alternativ auch wie folgt vorgegangen werden:

$$\emptyset LB = \frac{Endbestand_1 + Endbestand_n}{n}$$

Als Endbestände können Tagesendbestände, Wochenendbestände oder die Inventurwerte anderer Perioden verwendet werden. Innerhalb der Berechnung muss aber stets das identische Intervall verwendet werden. Das Ergebnis spiegelt dann den durchschnittlichen Lagerbestand innerhalb der Intervalls wider (z. B. Durchschnittlicher Lagerbestand pro Tag bei Verwendung von Tagesendbeständen).

Im perfekten Lager gilt auch (vgl. Optimale Bestellmenge, Seite 9):

$$\text{øLB} = \frac{optimale\ Bestellmenge}{2}$$

Der durchschnittliche Lagerbestand ist die Grundlage zur Berechnung von Lagerzinssatz (vgl. Seite 8), Lagergröße und Umschlaghäufigkeit (vgl. Seite 10).

Eiserne Reserve
siehe Mindestbestand, Seite 9

Höchstbestand

🏛 *maximum stock level*

$$Höchstbestand = Mindestbestand + optimale\ Bestellmenge$$

Bestimmt die ökonomisch sinnvolle, maximal im Lager vorhandene Menge. Bei der Berechnung muss die gleiche kritische Betrachtungsweise wie bei der Berechnung der optimalen Bestellmenge herangezogen werden. Zudem wird der Höchstbestand natürlich auch durch die Lagerkapazität begrenzt.

Ist-Endbestand

🏛 *current stock*

Warenmenge, die am Ende einer Inventurperiode im Lager vorhanden ist. Der Ist-Endbestand kann nicht rechnerisch bestimmt werden. Er wird durch eine Inventur ermittelt.

Inventurbestand
vgl. Ist-Endbestand, Seite 7

Ist-Wareneinsatz

🏛 *current cost of food, allg. current cost of sales*

$$Ist\text{-}Wareneinsatz = AB - Ist\text{-}Endbestand + Zugänge - Abgänge$$

auch: tatsächlicher Wareneinsatz, wo bei AB für den Anfangsbestand der Periode steht. Bezeichnet die Kosten bzw. die Menge an verbrauchten Rohstoffen. Der Ist-Wareneinsatz kann nur mit Hilfe von Inventuren festgestellt werden, da der Ist-Endbestand (aus Inventur) vorliegen muss.

Lagerkostenfaktor

🏛 *costs of carry*

$$Lagerkostenfaktor = \frac{Lagerkosten}{\varnothing Warenwert}$$

Dient zur Umlage der Lagerkosten (z.b: Lagermiete, Energie) auf die einzelnen Produkte und wird in Relation zum eingelagerten Warenwert betrachtet.

Wenn nur bestimmte Zeiträume (z. B. bei Saisonprodukten) betrachtet werden sollen, muss die Formel entsprechend abgeändert werden:

$$Lagerkostenfaktor = \frac{Lagerkosten\ pro\ Zeitraum}{\varnothing Warenwert\ pro\ Zeitraum}$$

Der Lagerkostenfaktor wird in erster Linie zur Berechnung der optimalen Bestellmenge (vgl. Seite 9) benötigt.

Lagerzinssatz

🏛 *stock rate*

$$Lagerzinssatz = \frac{(üblicher)\ Zinssatz\ p.a. \cdot \varnothing\ Lagerdauer}{360}$$

Im Lager gebundenes Kapital verwirkt diesen Zinssatz, da es nicht im Kapitalmarkt zur Verfügung steht. Die 360 im Nenner entspricht den 360 Zinstagen im deutschen Bankenjahr. Die durchschnittliche Lagerdauer sollte ebenfalls auf Basis eines Jahres berechnet werden.

Meldebestand

🏛 *recorder level*

$$Meldebestand = Mindestbestand + Tagesverbrauch \cdot Lieferzeit$$

Gibt die Lagerbestandsmenge an, bei deren Erreichen eine Bestellung ausgelöst wird. Die Lieferzeit muss in Tagen angegeben werden und meint die Zeit, die der Lieferant bis zur Lieferung benötigt, nachdem eine Bestellung aufgegeben wurde.

Mindestbestand

🏛 *safety stock*

Bestand an Vorräten, der im Lager sein sollte, um Umsatz-schwankungen und Lieferschwierigkeiten vorzubeugen. Der Wert für den Mindestbestand lässt sich nicht berechnen, son-dern ist eine individuelle Vorgabe. Bei der Festlegung spielen die Höhe und Häufigkeit der Umsatzschwankungen, die Zuverläs-sigkeit des Lieferanten und andere Faktoren eine Rolle.

Optimale Bestellmenge

🏛 *economic order quantity*

$$opt.\,Bestellmenge = \sqrt{\frac{2 \cdot Bestellkosten \cdot Jahresverbrauch\,in\,Stk}{Lagerkostenfaktor \cdot Preis\,pro\,Stk}}$$

Dient zur Optimierung der Bestellmenge im Hinblick auf Lager- und Beschaffungskosten. Bestellkosten bzw. Beschaffungskos-ten sind alle Kosten, die im Zusammenhang mit einer Bestellung anfallen, wie Warenannahme, Versandkosten etc. Lagerkosten fallen dagegen bei Einlagerung eines Produktes oder Rohstoffes an. Beispiele dafür sind die Lagermiete, die Energiekosten oder Schwund und Bruch.

Statt des Jahresverbrauchs kann auch der Verbrauch innerhalb jeder beliebigen Periode verwendet werden. Um aussagekräftige Werte zu erhalten, sollte aber ein möglichst langer Zeitraum ge-wählt werden.

Diese Formel liefert stets eine genaue Zahl, die in der Praxis aber auf Grund von Losgrößen (festen Verpackungseinheiten) des Lieferanten nicht umsetzbar ist. Alternativ wird deshalb eine tabellarische Ermittlung der optimalen Bestellmenge verwendet. Hierbei wird eine Tabelle erstellt, die folgende Spalten enthält: Bestellmenge (mögliche Losgrößen), Anzahl der Bestellungen pro Zeitraum (= Jahresverbrauch : Bestellmenge), Beschaf-fungskosten, Durchschnittlicher Lagerbestand (vgl. Seite 6), Durchschnittliche Lagerkosten (vgl. Seite 8) und die Summe aus Beschaffungs- und Lagerkosten.

Sicherheitsbestand
siehe Mindestbestand, Seite 9

Soll-Endbestand

🏛 *closing inventory*

$$Endbestand_{Soll} = Anfangsbestand + Zugänge - Abgänge$$

Die rein rechnerische Menge an Waren, die am Ende einer Periode vorhanden ist. Unter Zugänge sind alle Warenzugänge, das heißt Warenlieferungen, Zukäufe, Transfers zwischen Filialen etc. zusammen gefasst. Abgänge sind die Summe der Verbräuche wie verkaufte Produkte (vgl. Soll-Wareneinsatz, Seite 10), Personalessen, Abfall, Kostproben etc. Der Soll-Endbestand ist zur Berechnung der Bestandsabweichung (vgl. Seite 5) relevant.

Soll-Wareneinsatz

Nach Rezeptur:

$$Warenmenge\ laut\ Rezeptur \cdot Anzahl\ ausgegebener\ Produkte$$

Der Soll-Wareneinsatz ist der theoretische (berechnete) Wareneinsatz, im Vergleich zum Ist-Wareneinsatz (vgl. Seite 7). Er ist relevant für die Berechnung des Soll-Endbestandes (vgl. Seite 10) und damit auch für die Bestandsabweichung (vgl. Seite 5).

Umschlaghäufigkeit

🏛 *stock turn rate*

$$U = \frac{Verbrauch\ pro\ Periode}{\varnothing\ Lagerbestand\ der\ Perdiode}$$

Maßzahl für die Häufigkeit mit der Ware im Lager verbraucht wurde und ersetzt wird. Je höher die Umschlaghäufigkeit, desto niedriger sind die Lagerkosten.

Wareneinsatz

🏛 *foodcost, cost of food, allg. cost of sales*

Warenmenge (oder -wert), der binnen eines Zeitraumes verbraucht wurde. Unterschieden werden tatsächlicher (Ist-Wareneinsatz, vgl. Seite 7) und rechnerischer (Soll-Wareneinsatz, vgl. Seite 10) Wareneinsatz.

Wareneinsatzquote

🏛 *cost of food, allg. cost of sales*

$$Wareneinsatzquote = \frac{Wareneinsatz}{Nettoumsatz} \cdot 100$$

Die Wareneinsatzquote gibt den prozentualen Anteil der Ausgaben für Waren im Verhältnis zum Umsatz an. Sie kann für ein einzelnes Produkt (dann mit Nettoverkaufspreis, vgl. Seite 22) oder für ein komplettes Restaurant berechnet werden. Über die Wareneinsatzquote lassen sich Rückschlüsse auf Lieferanten und verwendete Rohstoffe bis hin zur Teilbranche der Systemgastronomie ziehen. Besonders im Vergleich von verschiedenen Filialen einer Restaurantkette untereinander liefert die Wareneinsatzquote einen ersten Ansatzpunkt, um Möglichkeiten das Betriebsergebnis (vgl. Seite 15) zu verbessern.

Personalwesen

durchschnittliche Betriebszugehörigkeit

🏛 *average job tenure*

Gibt an, wie lange die Mitarbeiter im Restaurant beschäftigt sind. Höhere Werte sprechen für Mitarbeiterzufriedenheit, niedrige Werte ziehen in der Regel Kosten z.B durch Training nach sich.

$$\varnothing\ Betriebszugeh\ddot{o}rigkeit = \frac{gesamte\ Dienstjahre\ der\ Mitarbeiter}{Mitarbeiterzahl}$$

Durchschnittlicher Personalbestand

🏛 *average staff count*

$$\varnothing Personalbestand = \frac{Anzahl\ Mitarbeiter_1 + Anzahl\ Mitarbeiter_2}{2}$$

Vergleichbar zur Wareninventur muss die Anzahl der Mitarbeiter zu unterschiedlichen Zeitpunkten ermittelt werden und anschließend durch die Anzahl der verwendeten Zeitpunkte geteilt werden. Die Mitarbeitererfassung kann auch vierteljährlich erfolgen, dann muss die Summe durch vier geteilt werden. Der durchschnittliche Personalbestand ist relevant für die Berechnung der Fluktuationsquote (vgl. Seite 12).

Fluktuationsquote

🏛 *labour turnover rate*

$$Fluktuationsquote = \frac{Personalabg\ddot{a}nge}{\varnothing\ Personalbestand} \cdot 100$$

Je nach Verständnis von Fluktuation existieren unterschiedliche Formeln zur Berechnung. Die hier verwendete so genannte BDA-Formel liefert den prozentualen Anteil der Personalabgänge im Verhältnis zum durchschnittlichen Personalbestand.

Nettoarbeitstage (NAT)

🏛 *net workdays*

Vgl. Nettoarbeitstage (NAT) im Kapitel Steuerung und Kontrolle, Seite 21.

Personalbedarf

🏛 *staff requirement, human resource requirement*

$$Personalbedarf = \frac{Arbeitsmenge \cdot Zeitbedarf \; pro \, T\ddot{a}tigkeit}{Arbeitszeit \; pro \, Mitarbeiter}$$

Nach der Kapazitätsrechnung ermittelt sich der Personalbedarf aus dem Zeitbedarf einer Tätigkeit (z. B. Herstellung eines Produktes), der Arbeitsmenge (gewünschte Anzahl an Produkten) und der üblichen Arbeitszeit, beispielsweise die Länge einer Schicht. Zeitbedarf und Arbeitszeit müssen in der gleichen Einheit (z. B. Minuten) angegeben werden.

Diese Formel liefert den Nettopersonalbedarf und muss um einen Zuschlag, der Urlaubs- und Kranktage berücksichtigt ergänzt werden.

Geht man von einer standardmäßig vorgegebenen Produktivität (vgl. Seite 14) aus, kann man den Personalbedarf pro Stunde (z. B. bei der Dienstplanerstellung) auch wie folgt berechnen:

$$Personalbedarf = \frac{geplanter \; Stundenumsatz}{Produktivit\ddot{a}t}$$

Der ermittelte Wert gibt an, wie viele Mitarbeiter in der Stunde benötigt werden, um bei Einhaltung der vorgegebenen Produktivität den geplanten Stundenumsatz zu erwirtschaften.

Personaleinzelkosten

Siehe Personaleinzelkosten (PEK), Seite 22

Personaleinsatzquote (PEQ)

🏛 *labour cost rate*

$$PEQ = \frac{Personalkosten}{Nettoumsatz} \cdot 100$$

Die Personaleinsatzquote gibt den Anteil an Personalkosten im Verhältnis zum Nettoumsatz an. In einigen Unternehmen wird auch der Bruttoumsatz verwendet. Die Höhe der Personaleinsatzquote ist abhängig von der Serviceform, der Tarifstruktur und dem Produktsortiment. In einigen Unternehmen wird statt des Nettoumsatzes der Brutto-Umsatz verwendet.

Personalkosten je Mitarbeiter

$$Personalkosten\ je\ Mitarbeiter = \frac{Personalkosten_{gesamt}}{Anzahl\ der\ Mitarbeiter}$$

Die Personalkosten je Mitarbeiter geben Auskunft über das Lohnniveau des Betriebes.

IHK ## Produktivität

🏛 *productivity*

$$Produktivität = \frac{Umsatz}{Mitarbeiterstunden}$$

Je nach betrieblichen Standards wird der Netto- bzw. Bruttoumsatz zur Berechnung herangezogen. Die Produktivität gibt an, wie viele Mitarbeiterstunden notwendig sind, um den gewünschten Umsatz zu erreichen.

Stundenkostensatz

🏛 *labour cost rate*

Vgl. Stundenkostensatz (Seite 23, Kapitel Steuerung und Kontrolle)

Steuerung und Kontrolle

Betriebsergebnis

🏛 *operating income, income from operations*

$$Betriebsergebnis = Umsatz - Kosten$$ oder

$$Betriebsergebnis = \sum Deckungsbeiträge - Fixkosten$$

Das Betriebsergebnis kann je nach Umsatz und Kosten positiv oder negativ ausfallen. Ein positives Betriebsergebnis wird auch Gewinn genannt, ein negatives Verlust.

Break-Even-Punkt (BEP)

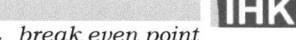

🏛 *break even point*

$$BEP = \frac{Fixkosten_{gesamt}}{Deckungsbeitrag_{Produkt}}$$

Die Summe der Deckungsbeiträge einzelner Produkte dient zur Deckung der Fixkosten. Der Break-Even-Punkt (auch Gewinnschwelle) gibt die genaue Zahl an Produkten an, die verkauft werden müssen, um alle Fixkosten zu decken. Jedes weitere verkaufte Produkt trägt zum Gewinn (vgl. Betriebsergebnis, Seite 15) des Unternehmens bei. Wenn mehrere Produkte in die Berechnung einbezogen werden sollen, dann müssen diese entsprechend ihrer Verteilung am Umsatz (Produktmix) gewichtet werden. Es gilt dann:

$$BEP = \frac{Fixkosten}{DB_1 \cdot Umsatzanteil_1 + DB_2 \cdot Umsatzanteil_2 + ... + DB_n \cdot Umsatzanteil_n}$$

Bruttoumsatz

🏛 *gross revenue, sales*

$$Bruttoumsatz = Durchschnittsbon \cdot Anzahl\ der\ Gäste$$

Der Bruttoumsatz ist die Gesamtsumme der Einnahmen innerhalb eines Zeitraumes. Er dient zur Deckung aller Kosten und zur Erwirtschaftung des Betriebsergebnisses.

IHK Cashflow

🏛 *cashflow*

$$Cashflow = Betriebsergebnis + Abschreibungen\ auf\ Anlagen$$

Mit Hilfe der Cashflow (Geldfluss) genannten Kennzahl, lassen sich Aussagen über die Liquiditätssituation von Unternehmen machen. Ist die Summe aus Unternehmensüberschuss (oder - fehlbetrag) und Abschreibungen positiv, dann steigen die flüssigen Mittel des Betriebs.

IHK Deckungsbeitrag (DB)

🏛 *gross margin*

Für ein einzelnes Produkt:

$$DB = Nettoverkaufspreis - Einzelkosten_{variabel}$$

Für das komplette Restaurant:

$$DB = Nettoumsatz - Gesamtkosten_{variabel}$$

Jeder Deckungsbeitrag hilft bei der Deckung der Fixkosten. Wenn alle Fixkosten gedeckt sind (vgl. Break-Even-Punkt (BEP), Seite 15), tragen die nachfolgend erwirtschafteten Deckungsbeiträge zum Gewinn bei.

Deckungsbeitragsquote (DB-Quote)

$$DB-Quote = \frac{Deckungsbeitrag}{Nettoumsatz} \cdot 100$$

Die Deckungsbeitragsquote gibt den prozentualen Anteil des Deckungsbeitrags am Nettoumsatz an. In einigen Unternehmen wird statt des Nettoumsatzes auch der Bruttoumsatz verwendet. Je höher die DB-Quote, desto leichter lässt sich Gewinn (vgl. Betriebsergebnis, Seite 15) erwirtschaften und desto niedriger sind die variablen Kosten (vgl. Seite 18).

Durchschnittlich eingesetztes Eigenkapital (ØEK)

$$øEK = \frac{Eigenkapitalanfangsbestand + Eigenkapitalendbestand}{2}$$

Da ein Unternehmer im Laufe eines Abrechnungszeitraumes seinem Betrieb Eigenkapital entziehen oder zufügen kann, muss das durchschnittliche eingesetzte Eigenkapital errechnet werden. Die Berechnung des durchschnittlich eingesetztem Eigenkapital ist Voraussetzung zur Berechnung der Eigenkapitalrentabilität (EKR) (vgl. Seite 17)

Durchschnittsbon (AVC, AC)

🏛 *average check, average sales*

$$Durchschnittsbon = \frac{Gesamtumsatz}{Anzahl der Gäste}$$

Der Durchschnittsbon wird auch Average (Guest) Check oder Average Transaction Value genannt und entsprechend abgekürzt.

Er gibt an, welchen Umsatz ein Gast pro Restaurantbesuch (genauer pro Bezahlvorgang) ausgibt.

HK Eigenkapitalrentabilität (EKR)

🏛 *return on equity*

$$EKR = \frac{Unternehmensergebnis}{ø Eigenkapital} \cdot 100$$

Die Eigenkapitalrentabilität dient den Vergleich mit anderen Geldanlagen oder Investitionen. Sie gibt an, mit welchen Satz das eingesetzte Kapitel verzinst wird.

Einzelkosten, variabel

🏛 *direct costs*

Zu den variablen Kosten gehören alle umsatzbezogenen Ausgaben. Das heißt, alle Kosten, die sich direkt auf ein Produkt beziehen lassen. Daher werden sie auch als direkt zuordenbare Kosten bezeichnet. Beispiele sind der Wareneinsatz (vgl. Seite 10) oder die Personaleinzelkosten (vgl. Seite 10).

$$Einzelkosten_{variabel} = Nettoverkaufspreis - Deckungsbeitrag$$

Gesamtkapital

🏛 *total assets*

$$Gesamtkapital = Eigenkapital + Fremdkapital$$

Das Gesamtkapital setzt sich aus eigenem und aufgenommenen Kapital zusammen.

Gesamtkapitalrentabilität (GKR, ROI)

🏛 *return on investment*

$$GKR = Umsatzrentabilität \cdot Kapitalumschlag$$

auch:

$$GKR = \frac{Gewinn}{Umsatz} \cdot \frac{Umsatz}{Gesamtkapital}$$

bzw.

$$GKR = \frac{Gewinn}{Gesamtkapital}$$

Die Gesamtkapitalrendite ist die Schlüsselzahl zur Berechnung der Ertragskraft eines Unternehmens. Sie gibt das Verhältnis von Gewinn zum eingesetzten Kapitel wieder. Ausgehend von Umsatzrentabilität (vgl. Seite 23) und Kapitalumschlag (vgl. Seite 20) ergeben sich die weiteren Formeln.

Gemischter Mehrwertsteuersatz

🏛 *average VAT rate (average value added tax rate)*

$$MwSt.Satz = \frac{Anteil_{\text{Außer-Haus}} \cdot 7\% + Anteil_{\text{Im-Haus}} \cdot 19\%}{100}$$

Durch die unterschiedliche Besteuerung von Außer-Haus und In-Haus-Verkäufen in Deutschland ergibt sich, je nach Verteilung ein individueller Steuersatz, der idealerweise in der Kalkulation berücksichtigt werden sollte.

Gewinn

🏛 *profit*

Vgl. Betriebsergebnis, Seite 15

Gewinnschwelle

Vgl. Break-Even-Punkt (BEP), Seite15

Inklusivpreis

🏛 *final price*

$$Inklusivpreis = Nettoverkaufspreis + Umsatzsteuer$$

konkret bedeutet das:

$$Inklusivpreis = \frac{Nettoverkaufspreis \cdot (100 + Umsatzsteuersatz)}{100}$$

Der Inklusivpreis (auch Preis auf der Karte) ist der Preis, den der Gast für die bestellten Speisen und Getränke bezahlen muss. Dem Verbraucherschutz entsprechend müssen auf Preisaushängen (Translite, Karte, Aufsteller etc.) stets Inklusivpreise angegeben werden. Das Hinzufügen von Aufschlägen oder der Mehrwertsteuer (vgl. Seite 19) nach Abgabe des Angebots ist nicht erlaubt.

Kapitalrendite

Siehe Gesamtkapitalrentabilität (GKR, ROI), Seite 18

Kapitalumschlag

🏛 *asset turnover*

$$Kapitalumschlag = \frac{Umsatz}{Gesamtkapital}$$

Der Kapitalumschlag gibt an, wie oft ein Unternehmer sein eingesetztes Kapital wertmäßig wieder erwirtschaftet. Ein Kapitalumschlag von 2,5 bedeutet also, dass der Unternehmer für jeden eingesetzten Euro, 2,50 Euro Umsatz erwirtschaftet.

kurzfristige Preisuntergrenze (PUG$_{kurz}$)

🏛 *short bottom price*

$$PUG_{kurz} = Kosten_{variabel} + MwSt.$$

Wenn der Unternehmer für einen kurzen Zeitraum auf Deckungsbeiträge verzichten kann, um beispielsweise einen Mitbewerber preislich zu unterbieten, sollen durch den Verkauf eines Produktes lediglich die variablen Kosten (z. B. Wareneinsatz) gedeckt werden. Die Berücksichtigung der Steuer darf natürlich nicht vergessen werden. Hier sollte der berechnete gemischte Mehrwertsteuersatz zu Grund gelegt werden.

langfristige Preisuntergrenze (PUG$_{lang}$)

🏛 *long-term bottom price*

$$PUG_{lang} = \frac{\sum Kosten_{variabel} + \sum Kosten_{fix}}{Stückzahl}$$

Bei einem länger andauernden Verdrängungswettbewerb muss der Verkaufspreis nicht nur die Summe aller variablen Kosten decken (vgl. Kurzfristige Preisuntergrenze, S. 20), sondern auch alle Fixkosten (Vollkostendeckung). Für Stückzahl muss die am Markt realistisch absetzbare Produktionsmenge eingesetzt werden.

Liquidität 1. Grades

🏛 *liquid funds oder cash ratio*

$$Liquidität\ 1.Grades = \frac{flüssige\ Mittel \cdot 100}{kurzfristiges\ Fremdkapital}$$

Die Liquidität 1. Grades gibt das Verhältnis der gesamten flüssigen Mittel zum kurzfristigen Fremdkapital des Restaurants wieder. Das kurzfristige Fremdkapital besteht aus Verbindlichkeiten aus Lieferungen und Leistungen, aber auch kurzfristigen Darlehen. Ist der Wert zu hoch (bsp. >30 %) bedeutet es, dass Geldmittel ungenutzt auf den Konten liegen statt angelegt oder investiert zu werden.

Liquidität 2. Grades

🏛 *quick ratio oder acid test ratio*

$$Liquidität\ 2.Grades = \frac{(flüssige\ Mittel + kurzfristige\ Forderungen) \cdot 100}{kurzfristiges\ Fremdkapital}$$

Die Liquidität 2. Grades beschreibt des Verhältnis aller kurzfristigen Forderungen (zum Beispiel Wareneinkäufe) und der flüssigen Mittel zum kurzfristigen Fremdkapital eines Restaurants. Sie gibt also an, wie viel Prozent der kurzfristigen Verbindlichkeiten durch die flüssigen Mittel gedeckt sind. Allgemein lässt sich sagen, dass die liquiden Mittel und die kurzfristigen Forderungen etwa so hoch, wie die kurzfristigen Verbindlichkeiten (Fremdkapital) sein sollten.

Nettoarbeitstage (NAT)

🏛 *net working days*

$$NAT = Arbeitstage\ lt.\ Vertrag - Kranktage - Urlaubstage$$

Nettoarbeitstage geben die Zeit an, die ein Mitarbeiter produktiv im Unternehmen eingesetzt werden kann. Dazu müssen von den tariflich bzw. arbeitsvertraglich vereinbarten Tagen alle unproduktiven Tage abgezogen werden. Dies sind Kranktage und Urlaubstage oder auch Tage an denen der Mitarbeiter an Schulungen teilnimmt und daher nicht seiner eigentlichen Tätigkeit nachgehen kann.

Nettoverkaufspreis

🏛 *net sales*

$$Nettoverkaufspreis = Inklusivpreis - Umsatzsteuersatz$$

konkret bedeutet das:

$$\frac{Inklusivpreis}{100+\ Umsatzsteuersatz} \cdot 100$$

Der Nettoverkaufspreis entspricht dem Inklusivpreis (auch Preis auf der Karte) den der Gast zahlt, verringert um die Umsatzsteuer. Liegen sowohl In-Haus als auch Außer-Haus Verkäufe vor, muss der gemischte Mehrwertsteuersatz (vgl. Seite 19) verwendet werden.

Personaleinzelkosten (PEK)

🏛 *direct labour costs*

$$PEK = \frac{Stundenkostensatz}{60} \cdot Zubereitungszeit \ [Min.]$$

liegt die Zubereitungszeit in Sekunden vor, gilt:

$$PEK = \frac{Stundenkostensatz}{3600} \cdot Zubereitungszeit \ [Sek.]$$

Personaleinzelkosten bezeichnen die Lohnkosten, die zur Erstellung eines Produktes notwendig sind. Sie gehören zu den variablen Einzelkosten. Die Berechnung der Personaleinzelkosten setzt die Festlegung einer standardisierten Zubereitungszeit voraus. In der Praxis ist dies oft schwierig, da Vor- und Nachbereitungszeiten schwierig zu erfassen sind oder mehrere Produkte zeitgleich hergestellt werden.

Primecost

$$Primecost = WE + PEK$$

vereinfacht (oder für das komplette Restaurant):

$$Primecost = Wareneinsatz_{gesamt} + Personalkosten$$

Die Primecost ist die Summe aus Wareneinsatz und Personaleinzelkosten. Sie wird verwendet, um pauschale Personalkostenzuschläge zu umgehen und eine höhere Genauigkeit in der Kalkulation der variablen Kosten (vgl. Seite 18) zu erreichen.

Return-on-Invest (ROI)

 Siehe Gesamtkapitalrentabilität (GKR, ROI), Seite 18

Stundenkostensatz

🏛 *hourly rate*

$$Stundenkostensatz = \frac{\sum Personalausgaben}{Nettoarbeitstage}$$

$\sum Personalausgaben$ fasst dabei das Bruttogehalt aller Mitarbeiter, die Sozialversicherungsausgaben (auch der Arbeitgeberanteil), die Lohnfortzahlung im Krankheitsfall und die Sonderzuwendungen wie z. B. Urlaubsgeld zusammen.

Der Stundenkostensatz gibt die tatsächlichen Kosten pro Mitarbeiterstunde wieder und muss durch Einbezug sämtlicher Nebenkosten stets höher als der Brutto-Stundenlohn sein.

Umsatzrentabilität (ROS)

🏛 *return on sales*

$$Umsatzrentabilität = \frac{Betriebsergebnis}{Umsatz}$$

Die Umsatzrentabilität (auch Umsatzrendite) genannt, zeigt an, wie hoch der Gewinn pro Euro Umsatz ist. Eine Umsatzrendite von 10% bedeutet also einen Gewinn von 0,10 € pro eingenommenem Euro. Bleiben die Nettopreise (vgl. Seite) bei steigender Umsatzrendite gleich, deutet dies auf eine gestiegene Produktivität (vgl. Seite 14) hin.

Verlust

🏛 *loss*

Vgl. Betriebsergebnis, Seite 15

Wirtschaftlichkeit

🏛 *cost efficiency*

$$Wirtschaftlichkeit = \frac{Leistungen}{Kosten}$$

Die Wirtschaftlichkeit bezeichnet das Verhältnis von eingesetzten Mitteln zu erbrachtem Ertrag. Leistungen bezeichnet alle Umsatzerlöse, Kosten steht für die Summe aller aufgewendeten Kosten, um die entsprechende Leistung zu erbringen.

Umrechnungstabellen

In der Systemgastronomie sind amerikanische Maßeinheiten auf Grund des Herkunft großer Restaurantketten weit verbreitet. Diese Tabellen helfen bei der Umrechnung in unsere Einheiten.

Volumenangaben

Einheit (Abkürzung)	Bezugswert	EU- Entsprechung
1 gallon (gall)		≙ 3,785 Liter
1 quart (qt)	$\frac{1}{4} gallon$	≙ 0,946 Liter
1 pint (pt)	$\frac{1}{8} gallon$	≙ 0,473 Liter
1 fluid ounce (fl.oz)	$\frac{1}{16} pint$	≙ 29,5 Milliliter

Beispielhafte gastronomische Verwendungen

- Limonadenbehälter Figal („five gallons") = 19 Liter
- kleine Dose, 12 oz = 0,355 Liter
- a (half) pint [of beer] = etwa ein (viertel) halber Liter Bier

Gewichtsangaben

1 ounce (oz)		28,35 Gramm
1 pound (lbs)	= 16 oz	453,6 Gramm

Beispielhafte gastronomische Verwendungen

Quarterpounder („Viertelpfünder") = Burger mit 113,6 g Fleisch Rohgewicht

Temperaturen

Celsius in Fahrenheit $\quad Grad\,Celsius = \dfrac{Grad\,Fahrenheit - 32}{1,8}$

Fahrenheit in Celsius $\quad Grad\,Fahrenheit = Grad\,Celsius \cdot 1,8 + 32$

Stichwortverzeichnis

Umrechnungstabellen